Cultura e empresas

Coleção **PASSO-A-PASSO**

CIÊNCIAS SOCIAIS PASSO-A-PASSO
Direção: Celso Castro

FILOSOFIA PASSO-A-PASSO
Direção: Denis L. Rosenfield

PSICANÁLISE PASSO-A-PASSO
Direção: Marco Antonio Coutinho Jorge

Ver lista de títulos no final do volume

Livia Barbosa

Cultura e empresas

ZAHAR

Jorge Zahar Editor Ltda.
rua Marquês de S. Vicente 99 – 1º | 22451-041 Rio de Janeiro, RJ
tel (21) 2529-4750 | fax (21) 2529-4787
editora@zahar.com.br | www.zahar.com.br

Capa: Sérgio Campante
Composição eletrônica: TopTextos Edições Gráficas Ltda.

CIP-Brasil. Catalogação-na-fonte
Sindicato Nacional dos Editores de Livros, RJ.

Barbosa, Livia
B199c Cultura e empresas / Livia Barbosa. — Rio de Janeiro: Zahar, 2002.
(Passo-a-passo; 10)

ISBN: 978-85-7110-673-4

1. Cultura organizacional. I. Título. II. Série.

CDD: 658.406
02-1290 CDU: 65.012.2

Sumário

Introdução: A cultura e suas combinações no universo corporativo e de negócios

Cultura organizacional, corporativa e empresarial são termos pouco comuns no âmbito das ciências sociais e da administração científica. Além de serem pouco comuns, parecem contraditórios entre si. Por um lado, remetem à racionalidade, performatividade, eficácia, eficiência e ao pragmatismo que nos habituamos a associar com as organizações e os negócios e, por outro, ao universo simbólico da cultura, pouco afeito a mensurações, à objetividade, a resultados e associado ao particular, ao específico e a valores sociais duráveis.

Nas últimas duas décadas, contudo, os discursos de executivos, gerentes, consultores organizacionais e segmentos gerenciais médios, bem como as novas tecnologias gerenciais empregadas nos universos corporativos, passaram a registrar com freqüência esses termos, a ponto de se falar em uma "moda" de cultura organizacional. A partir da década de 1990, as esferas acadêmicas das ciências sociais, particularmente a da antropologia, passaram a considerá-los como alvos de atenção. Entretanto, tal fato tem uma ocorrência periférica, pois esse tema desperta pouca atenção acadêmica e muita reação adversa. Para os antropólogos, a apropriação do conceito de cultura, sem consulta prévia ou crédito, por uma esfera da sociedade sempre mantida à distância — a das organizações e dos negócios — trouxe e traz profunda inquietude.

Do ponto de vista epistemológico, o epicentro do debate está em qual o conceito de cultura empregado e o uso a que ele se destina na compreensão da realidade organizacional. A lógica pragmática que permeia o universo organizacional e a maneira substantiva de se definir e empregar o conceito de cultura incomodam muito a alguns antropólogos, que julgam perdidos anos de refinamento e complexidade conceitual.

Do ponto de vista da identidade profissional, a apropriação por parte de executivos, líderes organizacionais e gestores de todos os tipos da linguagem da cultura retirou dos antropólogos o distanciamento crítico e a postura intelectualmente independente que sempre tiveram em relação às instituições do capitalismo.

Do ponto de vista ideológico, a grande influência das posições de esquerda no mundo acadêmico, principalmente no europeu e brasileiro, e uma postura moral crítica em relação à dignidade da esfera produtiva face à superficialidade das atividades de consumo por parte da academia levaram a uma deformação temática nas ciências sociais. A conseqüência de tal fato pode ser sentida, por um lado, na abundância de pesquisa, trabalhos e teorias sobre os diferentes sistemas produtivos e alguns de seus principais atores como, por exemplo, operários e trabalhadores e, por outro, na quase total ausência de pesquisa, trabalhos e teorias sobre o consumo, seus diferentes sistemas e atores, arranjos institucionais e segmentos do mundo organizacional das sociedades capitalistas.

Nesse contexto de privilegiamento epistemológico da esfera produtiva, as atenções dos pesquisadores centraram-se nas relações de trabalho entre operários e capitalistas, na existência ou não de uma consciência de classe, no papel dos intelectuais nesse processo, nas formas de propriedade dos meios de produção, nas implicações que a organização capitalista da produção tinha e tem na construção de um certo tipo de sociedade e estrutura de poder. O sistema gerencial e administrativo da produção eram e ainda são vistos, em muitos casos, como meros instrumentos de subjugação do trabalhador aos objetivos de lucro do capitalista, como se fossem destituídos de autonomia própria e capacidade de intervenção e transformação da realidade. A partir dessa postura teórico-ideológica surgiu uma abundante literatura sobre trabalhadores urbanos, relações de trabalho no chão-de-fábrica, sindicatos e estilo de vida das classes trabalhadoras, entre outros. Paralelamente, e no sentido inverso dessa produção, registra-se uma ausência quase absoluta de conhecimento e trabalhos sobre os setores gerenciais em todos os seus níveis; os valores e as lógicas subjacentes às práticas administrativas, às tecnologias gerenciais, às ideologias empresariais do mundo contemporâneo; os diferentes significados das diferentes éticas sobre o trabalho no âmbito das organizações; sobre o processo de mudança organizacional; sobre as diversas elites gerenciais; sobre os pressupostos sócio-lógicos dos sistemas administrativos; e outros aspectos da vida organizacional e corporativa.

Entretanto, a despeito da indiferença das ciências sociais, a década de 1990 registrou um aumento de interesse pela questão cultural no âmbito das organizações de modo geral, e das grandes corporações de forma particular. O tema da cultura organizacional e corporativa tornou-se um elemento central de reflexão para gerentes corporativos, dos mais diferentes níveis, e consultores organizacionais das mais variadas formações. A partir dele, pensam ideológica e realisticamente acerca das organizações do mundo contemporâneo, no contexto de um universo social e político profundamente mutável e flexível em relação ao qual todos eles, reconhecidamente, admitem pouco entender e controlar, da forma como julgaram fazê-lo anteriormente.

É a partir do exposto anteriormente que se insere este livro sobre cultura e empresas. Ele tem como objetivo mapear a trajetória histórica de algumas das múltiplas combinações do termo cultura com outros relativos ao universo organizacional e corporativo, suas diversas conceituações teóricas bem como seus respectivos significados e impactos.

Cultura organizacional

Cultura organizacional foi o primeiro dos termos a surgir e se popularizar como resultante da combinação do conceito de cultura com outros oriundos do universo organizacional e de negócios. Com este termo os teóricos da administração procuraram chamar a atenção para a importância da esfera simbólica do mundo organizacional. Ou seja, como valores, crenças e símbolos impactavam no comportamento das pessoas, no desempenho econômico e nos processos de mudança organizacional.

O interesse pelas questões culturais no interior da administração não é recente, embora esse tema só tenha começado a tomar vulto nas duas últimas décadas. Desde a primeira metade do século XX, ainda que de forma periférica, a literatura teórica de administração registra alguns autores que mencionaram a importância ou se preocuparam com a influência dos aspectos culturais na gestão dos recursos humanos e materiais. No início da década de 1960, por exemplo, os consultores de desenvolvimento organizacional vão utilizar o termo. Entretanto, antes do final desta mesma década ele já tinha sido deixado de lado em função de inadequações teóricas e metodológicas na análise do mundo organizacional.

O termo "cultura organizacional" reaparece novamente no início da década de 1980, popularizando-se de imediato. É nesse período que se registra a sua consagração acadêmica no âmbito da administração. Em 1983, as duas maiores revistas norte-americanas especializadas nessa área — *Administrative Science Quartely* e *Organizational Dynamics* — publicaram, quase simultaneamente, dois números inteiramente dedicados ao tema. Além delas, outros quatro livros de estudiosos da administração — *Teoria Z* (Ouchi, 1982); *The Art of Japanese Management* (Pascale & Athos, 1981); *Corporate Culture* (Deal & Kennedy, 1982) e *In Search of Excellence* (Peters & Waterman, 1982) —, surgidos nessa mesma época, consagraram o conceito de cultura organizacional como uma dimensão importante na área de administração.

Desde então, a expressão "cultura organizacional" tem sido usada para justificar decisões judiciais, explicar a falência na fusão de empresas, o sucesso de outras, as razões para a mudança organizacional e choques culturais, entre outros aspectos. Em muitos casos, cultura organizacional torna-se um tipo de "caixa preta" na qual se coloca tudo aquilo que não se conhece e para o qual não se encontra uma explicação mais tangível e mensurável.

Na história do conceito de cultura organizacional podem ser identificados três momentos distintos. O primeiro deles se estende do início da década de 1960 até o seu final; o segundo começa no início da década de 1980 até mais ou menos o início da década de 1990; e finalmente o terceiro, que se estende de meados dos anos 1990 até o momento atual.

O primeiro período caracteriza-se por:

- ligação do conceito com o movimento de desenvolvimento organizacional;
- concepção humanística do que seriam os valores organizacionais;
- visão da cultura como instrumento de melhoria das organizações
- contexto histórico dos movimentos civis da década de 1960;
- retórica de autodesenvolvimento;

• pouco interesse em tratar a cultura como uma vantagem competitiva.

O segundo período caracteriza-se por:

• papel relevante que o Japão irá desempenhar na percepção da importância da cultura para o universo econômico e organizacional;
• uma discussão epistemológica sobre o que é cultura organizacional;
• sua dimensão pragmática/substantiva, ou seja, a tentativa de transformar o conceito de cultura em uma variável da estratégia gerencial e de competitividade;
• importância dos teóricos e consultores organizacionais na difusão do conceito.

O terceiro período caracteriza-se por:

• definição e inclusão do conceito de cultura organizacional como um ativo intangível das organizações;
• questão epistemológica da mensuração da cultura; seu uso em um contexto mais de estratégia empresarial do que gerencial;
• sua relação íntima com um contexto de mudança na agenda política, social e ética das organizações por pressão da sociedade;
• liderança corporativa como um dos seus principais agentes de promoção.

Examinemos um pouco mais detalhadamente cada um desses períodos.

Primeiro período — 1960. O termo cultura organizacional surge, nesse momento, no âmbito das práticas de desenvolvimento organizacional, que pretendiam "construir" organizações ou promover mudanças nas empresas mediante a reestruturação das relações internas desse universo. Pretendia ser uma nova filosofia gerencial que combatia a burocracia. A implantação de valores "humanísticos", como abertura pessoal e novas experiências, valorização da subjetividade, autodesenvolvimento, cooperação, confiança entre os membros da organização, ênfase no ser humano entre outros, era a chave do processo. De acordo com os adeptos das práticas de desenvolvimento organizacional, essas mudanças permitiriam o desenvolvimento de uma cultura organizacional — entendida como um conjunto de valores compartilhados — que estimulariam o compromisso dos funcionários com as suas organizações e facilitaria o processo de mudança organizacional.

O que caracteriza o conceito de cultura organizacional desse período é o seu uso como instrumento para a melhoria da organização mediante o aprimoramento de seus processos humanos. Portanto, embora os adeptos do desenvolvimento organizacional explicitem pela primeira vez, de forma sistemática, o conceito de cultura organizacional, o seu significado e referencial teórico são diversos dos atuais. O conceito de cultura desse período não remete à antropologia, e suas idéias de valores são essencialmente morais e substantivas. Embora a cultura fosse vista como um instrumento gerencial, na medida em que promovia a sinergia entre os seus membros, o que facilitava a ação de todos em uma única direção, tal fato ocorria em grande parte como conseqüência da melhoria do ambiente organizacional.

A "ferramenta" gerencial utilizada nesse período pelos consultores organizacionais para a introdução e utilização do conceito de cultura eram grupos de pessoas que se reuniam para compartilharem experiências, os chamados *T groups*, no âmbito dos quais as pessoas discutiam abertamente as suas experiências. Essa ferramenta e a forma de utilização do conceito de cultura não foram bem avaliadas pelos meios gerenciais. Alguns as viram como uma forma de manipulação ideológica grosseira e outros como uma metodologia sem consistência, com os T grupos parecendo mais uma paródia de psicanálise organizacional, com pouco ou nenhum compromisso com lucros e resultados. Antes do final da década o conceito caiu no descrédito e deixou de ser utilizado.

Segundo período — década de 1980 até meados de 1990. O ressurgimento do conceito de cultura organizacional na década de 1980 tem suas raízes nos anos 1970. Esse foi um momento de intensa competitividade para as empresas norte-americanas e européias sem a respectiva contrapartida de grandes resultados. Um dos elementos que contribuíram para esse desempenho sofrível foi a entrada em cena dos produtos japoneses, em particular os carros. Os japoneses surpreenderam, ou pelo menos foi assim interpretado, o mercado norte-americano e europeu, suscitando reações intempestivas de homens de negócios e políticos. Em contrapartida, os produtos japoneses fizeram a felicidade dos consumidores norte-americanos, pouco acostumados com a excelência no atendimento durante e pós-venda e com produtos que levavam em conta as "necessidades" dos consumidores de uma forma que anteriormente não havia sido considerada.

A explicação norte-americana para o sucesso japonês foi, de imediato, atribuída à cultura da sociedade e das organizações japonesas. Como a estrutura organizacional dessas empresas pouco se diferenciava da estrutura norte-americana, a diferença de resultado entre uma e outra foi interpretada como uma conseqüência da dimensão cultural. O que mais chamou a atenção dos norte-americanos sobre as organizações japonesas foram as práticas administrativas que relacionavam, de forma não conflituosa, capital, sociedade e trabalho. As empresas japonesas atribuíam grande valor ao conhecimento tácito e à experiência prática, mantinham a competição no interior de um mesmo grupo etário e não de forma universalizante por toda a organização, valorizavam a senioridade e a participação de todos nos processos decisórios, enfatizavam o sentimento de pertencimento comum a um grupo e praticavam a famosa política de *from craddle to grave* (do berço à cova) que assegurava a estabilidade do funcionário no emprego, mesmo em períodos de crise econômica. Todos estes aspectos contrastavam fortemente com o estilo norte-americano de gerenciar organizações e pessoas. Para grande parte dos analistas era justamente nesse sistema gerencial que residia o sucesso japonês.

A explicação da "ameaça nipônica" como a grande responsável pela popularização do termo cultura organizacional pode ser vista de uma maneira mais complexa. É difícil acreditar que apenas uma ameaça comercial tivesse tal impacto acadêmico e organizacional no país que melhor consubstancia os princípios do capitalismo industrial. Afinal de contas, a competição é um mecanismo positivamente avaliado pela sociedade norte-americana e um dos valores centrais do capitalismo. Pode-se pensar que, muito provavelmente, o impacto para os norte-americanos foi maior no aspecto simbólico do que efetivamente no econômico. Ou seja, não foi propriamente a competição, mas a origem do competidor. Afinal de contas, o Japão tinha sido arrasado na Segunda Grande Guerra e não figurava em nenhuma das projeções dos economistas ocidentais como uma futura grande potência, ao contrário do que acontecia com a Índia, Hong Kong e Cingapura. No entanto, menos de 40 anos depois, o país surge como uma força econômica no cenário mundial, assusta os ocidentais e transforma inteiramente a percepção dos seus produtos: de má para excelente qualidade. O Japão havia trilhado um outro caminho e praticara uma outra receita de modernidade e de desenvolvimento econômico. Ele provara que podia "ser rico, bonito e famoso sem ser ocidental".

Além da "ameaça nipônica" o reconhecimento da incerteza como uma variável da sociedade contemporânea é outra explicação aventada para a valorização da dimensão cultural das organizações pelos norte-americanos na década de 1980. A idéia de mercados seguros e permanentes, de um progresso crescente e sustentável, da projeção correta do futuro passou a ser vista como coisa do passado. No contexto de um mundo incerto, de grandes transformações na agenda política e social da sociedade, de profundas inovações tecnológicas, que em alguns anos mais vão levar a uma reestruturação das empresas em todo o mundo, a cultura aparece como algo que pode e deve fornecer um norte. As companhias com culturas fortes eram valorizadas e utilizadas como exemplos. A cultura, afirmava-se na época, remove em grande parte esse sentimento de incerteza, porque oferece estrutura, padrões e um sistema de valores com o qual operar em todas as situações.

Entretanto, o que se entendia como cultura organizacional? Várias foram as definições utilizadas e diversos os antropólogos que serviram de inspiração para essas definições. Referências e definições, desde Tylor até Geertz, passando por Malinowski e Goodenough, foram encontradas. Contudo, a definição de cultura organizacional que se tornou clássica nesse período, e talvez seja a mais conhecida de todas, foi a de Edgard Schein:

> Cultura organizacional é o conjunto de pressupostos básicos que um grupo inventou, descobriu ou desenvolveu ao aprender como lidar com os problemas de adaptação externa e integração interna e que funcionaram bem o suficiente para serem considerados válidos e ensinados a novos membros como a forma correta de perceber, pensar e sentir em relação a esses problemas.

O conceito de cultura organizacional como algo que as organizações "possuem" e "selecionam" deu origem a uma discussão teórica importante no âmbito da administração. O que estava em questão era se a "cultura" seria uma variável produzida pela organização ou se esta seria trazida para o seu interior pelos seus membros. Neste último caso, o que prevaleceria no interior das organizações, argumentavam alguns autores, seria a cultura nacional de cada país e não existiria nada que se pudesse falar como sendo propriamente uma cultura organizacional distinta e específica. Outros autores, contudo, enfatizavam justamente a dimensão oposta. As organizações "produziam" cultura e selecionavam, quase conscientemente, os "valores" que supostamente eram os mais adequados para levá-las ao sucesso. O universo cultural das organizações era visto como um espaço consensual e homogêneo, no qual pouco lugar existia para o poder e o dissenso.

Mas o que se estudava sob o rótulo de cultura organizacional?

Valores — definidos como crenças e conceitos que uma organização possui — eram considerados os fundamentos de qualquer cultura corporativa. Eles encontram-se em um nível mais profundo e menos visível da cultura e constituem a dimensão mais resistente à mudança.

Padrão de comportamento foi outro elemento considerado de vital importância. Era definido como maneira sistemática, porém informal, de agir, encontrada em um grupo, que persiste ao longo do tempo porque os seus membros tendem a socializar os mais novos nessas práticas, recompensando os que se adaptam e punindo os que não o fazem.

Ritos, mitos, heróis e redes de relações complementavam os outros aspectos considerados importantes de uma cultura. Eles serviam de condutores dos valores organizacionais pois — de forma metafórica em alguns casos, e de forma explícita em outros — transmitiam os valores privilegiados e os repudiados pelo grupo.

Os valores poderiam ser expressos de várias formas. Tanto na forma de apropriação do espaço, na concepção que a empresa nutria sobre a natureza humana expressa nas suas políticas de gestão de pessoas como em dizeres ou em princípios filosóficos compartilhados por todos. Por exemplo:

> "São necessários dois para Tandem." (It takes two to Tandem.)* (Deal & Kennedy)
>
> "Faça o trabalho, não importa o quanto isto custa." (Get the job done no matter what it takes.) (Idem)
>
> "Nossos funcionários são os nossos mais importantes recursos." (Embratel, pesquisa da autora, 1994, antes da privatização)

A partir dessa época tornou-se comum nas empresas norte-americanas exibir publicamente o seu quadro de va-

* Tandem Corporation é uma empresa do Vale do Silício, fundada por quatro ex-funcionários da Hewlett-Packard. O slogan faz também referência a *tandem*, nome em inglês de uma bicicleta de dois lugares.

lores, a coleta de estórias e mitos, a descrição e a análise dos rituais organizacionais, entre outros. A cultura das organizações era vista como um todo homogêneo e consistente que levava ao compartilhamento de uma determinada visão de mundo e de como agir diante das diferentes situações da vida organizacional e de negócios com as quais os funcionários se deparam. Esse "compartilhar" fornecia um denominador comum para ação, unindo os esforços da "organização" em uma única direção.

Mas por que consultores, administradores, teóricos da administração e executivos julgavam importante conhecer e difundir a cultura de uma organização? Não havia dúvidas a esse respeito. A importância da cultura residia na sua capacidade de ser o caminho direto para o sucesso, na medida em que parecia resolver uma problema básico e central de toda e qualquer organização e que permanece até hoje: como coordenar as atividades internas e obter a participação efetiva de todos, com vistas à obtenção de resultados, na ausência de mecanismos explícitos de coerção e de força bruta? Uma cultura organizacional forte, afirmavam consultores, gerentes e administradores, é um sistema de regras informais que diz como as pessoas devem se comportar a maior parte do tempo, diminuindo o grau de incerteza da vida cotidiana e fornecendo-lhes um norte e uma identidade, fazendo-as se sentirem melhores acerca do que fazem. Como conseqüência, as pessoas são capazes de trabalhar mais e melhor e, portanto, serem mais competitivas e eficazes do que a concorrência.

O papel e o significado atribuídos à dimensão cultural eram claramente instrumentais e até em alguns casos intencionalmente manipuladores. Faziam parte da estratégia competitiva e gerencial da empresa. Vejam:

> Mesmo que todos concordem com o que você quer fazer, você deve saber como manejar a cultura — por exemplo, criar novos modelos de herói — a fim de ensinar a sua legião de vendedores *easy-going* as novas regras do jogo.

Mudar, gerenciar, manipular, controlar, intervir e outros verbos indicativos de ação sobre alguma coisa eram e ainda são comuns ao vocabulário da época e de hoje, indicando claramente o status de "variável" atribuída à cultura pelos teóricos da administração e pelos executivos e administradores. Origina-se daí a idéia de que é possível tratá-la como mais uma das dimensões que influenciam no desempenho organizacional, tal como as condições econômicas e políticas de uma sociedade.

A legitimidade da noção de cultura para o mundo organizacional está diretamente ligada à sua capacidade de oferecer novos e melhores instrumentos de intervenção na realidade. Por conseguinte, identificar e classificar os diferentes tipos de cultura e medir sua eficácia tornaram-se um imperativo gerencial. Um grande sucesso editorial da década de 1990, *A cultura corporativa e o desempenho* empresarial, de Kotter e Haskett, tem justamente esse propósito. No livro, os autores tentam "medir culturas" e indicar qual tipo de cultura corporativa é melhor para o desempenho econômico a longo prazo. A partir da análise de uma série histórica de 10 anos (1977-88) de medidas de desempenho econômico e de índices de "força cultural" calculados para cerca de quase 207 empresas, os autores concluíram que existe uma tênue correlação entre "culturas fortes" e desempenho econômico positivo a longo prazo. Essa conclusão indica que aquelas organizações com culturas claramente identificáveis por seus membros e por pessoas de fora conseguem melhores resultados por mais tempo do que aquelas que não possuem.

No Brasil, embora a discussão teórica sobre cultura organizacional tenha aparecido mais para meados da década de 1980, foram nos anos 1990 que as discussões sobre valores, sobre a missão da empresa, sobre líderes organizacionais receberam espaço maior no nosso universo organizacional e corporativo. Quando a temática da cultura ganha corpo entre os brasileiros ela é quase imediatamente enriquecida pela discussão sobre a importância do capital intangível das organizações, no seio da qual a idéia de cultura organizacional desempenha um papel fundamental.

Várias críticas poderiam ser feitas, e de fato o foram, acerca da forma como o conceito de cultura organizacional foi usado e entendido nesse período pelos administradores. O primeiro ponto a considerar é que, embora o termo utilizado fosse cultura organizacional — encontrando-se portanto sob sua égide diferentes tipos de organizações —, poucos foram os estudos que se voltaram para outras modalidades que não as grandes empresas e corporações. Trabalhos sobre organizações sociais, sindicatos, universidades, entre outros, são praticamente inexistentes. Tais estudos seriam importantes, pois ofereceriam material para a reflexão comparativa sobre a dimensão simbólica de diferentes tipos de organização e sobre o impacto que objetivos organizacionais distintos têm sobre o desempenho corporativo, gerencial e empresarial.

Segundo ponto: além de estudar um único tipo de organização — a empresa — os teóricos da cultura organizacional focalizaram, dentro desse espectro, um único tipo, a grande empresa, deixando à margem outras modalidades empresariais como a pequena e média empresa. Uma consulta superficial à literatura especializada irá constatar que é sobre empresas do porte de uma GM, IBM, US Steel, British Airways, AT&T, Unilever, Procter&Gamble que versa a quase totalidade dos trabalhos. Todavia, se a grande empresa configura, em parte, a economia moderna, são as empresas de pequeno e médio porte que sustentam um grande número de economias, como a italiana por exemplo, apoiada nas pequenas empresas familiares. No Brasil, o quadro não é diferente. As pequenas e médias empresas são as grandes geradoras de emprego.

À luz dessa mesma crítica, faz-se necessário apontar um aspecto metodológico fundamental. Ao se enfatizar a cultura das grandes empresas, cada objeto de estudo tem sido tratado como um universo fechado descolado de seu contexto social. Nenhuma empresa ou cultura organizacional é relacionada, por exemplo, à cultura norte-americana. Cada empresa é percebida como um universo singular, autocontido, gerando suas manifestações culturais particulares. Cada organização é tratada como se fosse única em relação a todas as demais. Este é um ponto central. Paradigma da ideologia individualista, igualitária e moderna, a sociedade norte-americana identifica organização a indivíduo e a trata metodologicamente como seu similar. Trata-se de conhecer as particularidades idiossincráticas de cada uma, da mesma forma como se conhece e valoriza as dos indivíduos. Cada cultura organizacional é estudada como um caso único, exemplo de como se faz determinada coisa ou se enfrenta um problema específico, sem gerar qualquer teorização.

Terceiro: a forma como o conceito de cultura foi transposto e utilizado no âmbito da administração ignorou completamente os debates sobre ele existentes no seio das ciências sociais de modo geral e na antropologia de forma particular, sem incorporar os refinamentos conceituais mais modernos a que o conceito tinha sido submetido. Uma conseqüência disso é o tratamento extremamente substantivo a que o conceito de cultura é submetido no âmbito da administração. Tipologias de culturas, termos como "manejar", "intervir" e "gerenciar" cultura são exemplares dessa perspectiva. Em vez de ser um conceito para se acessar a realidade, ele se tornou uma variável "da realidade".

Quarto e último: o conceito de cultura organizacional, da forma como tem sido empregado, não explicita o que é absolutamente fundamental e mais profícuo nessa utilização do conceito de cultura no âmbito das organizações. O que deve estar no foco dessa utilização não é apenas a cultura de organizações empresariais específicas, mas a forma de administrar da empresa ou de qualquer outro tipo de organização e, também, a própria administração. Com isto, quero dizer várias coisas:

- a sócio-lógica intrínseca subjacente à idéia do que é administrar para vários tipos de organizações de diferentes universos sociais;
- os valores e pressupostos subjacentes às diversas teorias de administração e gerência;
- e o modo como eles se relacionam aos valores e pressupostos que estruturam as sociedades onde essas vão ser aplicadas.

A partir dessas críticas, alguns autores no Brasil têm feito uso do termo "cultura administrativa" em vez de cultura organizacional. Esse conceito coloca no centro das preocupações epistemológicas a administração e a gerência ao invés da identidade organizacional, que na verdade é o que está em questão quando determinados "valores" são associados a determinadas organizações e empresas.

Terceiro período — dos anos 1990 até o momento atual. O terceiro momento histórico do conceito de cultura organizacional apresenta continuidades e algumas diferenças em relação aos anteriores. A continuidade encontra-se, ainda, na percepção da cultura como uma variável com valor instrumental, no sentido de ser capaz de intervir substantivamente na realidade e ter valor e diferencial competitivo. Ou seja, credita-se à cultura a possibilidade ser um instrumento na resolução do velho problema da administração moderna não-autoritária: como coordenar as atividades internas e obter resultados na ausência de instrumentos explícitos de coerção e força bruta? A diferença encontra-se, primeiro, no seu tratamento como variável estratégica; segundo, na sua definição como um ativo intangível das organizações; e, terceiro, com uma nova associação dos valores organizacionais com valores "éticos" do ponto de vista da sociedade.

Nos últimos anos, conceitos como sociedade e economia do conhecimento e nova economia sinalizam para um deslocamento do eixo da riqueza e do desenvolvimento dos setores tradicionais — intensivos em mão-de-obra, matéria-prima e capital — para setores cujos produtos e serviços são intensivos em tecnologia e conhecimento. Por trás disso, existe o reconhecimento de que os tradicionais fatores da produção — terra, capital e trabalho — estão sendo, em parte, substituídos na sua tarefa de criar valor e riqueza pelos ativos intangíveis de uma organização.

Ativos intangíveis podem ser definidos como fatores não-físicos de geração de valor frutos de inovação, estrutura organizacional única ou prática de recursos humanos. Estes ativos incluem marcas, patentes, sistemas de informática, sistemas administrativos, *franchise*, capital intelectual, rede de relacionamentos e cultura organizacional. Eles são, atualmente, considerados as maiores fontes de geração de valor da sociedade contemporânea, pois acredita-se que as empresas e organizações mais bem-sucedidas do futuro serão aquelas capazes de aprender como explorar e gerenciar o conhecimento que adquiriram sobre o comportamento do consumidor, dos mercados, da economia, da tecnologia e sobre elas mesmas mais rápido do que os seus competidores.

Recentemente, Louis Gerstner, ex-CEO da IBM declarou que as companhias mais bem-sucedidas do futuro serão aquelas capazes de se adaptarem rapidamente às mudanças, aproveitando oportunidades e melhorando a qualidade de seus produtos e o nível de seus serviços. Mas, tão importante quanto estes aspectos, enfatiza Louis Gerstner, será a capacidade delas renovarem a forma como se definem, pensam e operam.

Essa valorização dos intangíveis resultou em uma verdadeira revolução contábil na medida em que, hoje, teóricos da administração afirmam que a construção e manutenção do valor de uma organização através dos investimentos em ativos físicos e monetários pode manter a rentabilidade no curto prazo, mas de forma alguma garante o retorno no longo prazo. Portanto, investidores, executivos e consultores voltaram-se para a tentativa de reconhecer e avaliar o potencial dos ativos intangíveis de uma organização e a melhor forma de mensurá-los. Nesse contexto, a cultura organizacional passou a ser valorizada na razão direta da sua capacidade de estimular fatores como a criatividade, a inovação, o aprendizado, a capacidade de adaptação à mudança, entre outros. De instrumental para ser utilizado em processos de mudança organizacional focados na estratégia gerencial interna ou na competitividade externa, a cultura organizacional passou a ser encarada como um ativo estratégico que pode garantir a rentabilidade de longo prazo de uma organização.

O problema reside, novamente, na forma como os administradores entendem cultura. Ao contrário dos antropólogos, que a entendem mais como um contexto no qual as ações, os discursos, as práticas se tornam inteligíveis para aqueles que compartilham de seus significados, consultores, administradores, gerentes e executivos percebem a cultura como uma variável mensurável. Por conseguinte, os esforços que na década de 1980 e início de 1990 concentravam-se em como gerir a cultura, através de tecnologias de mudança organizacional, concentram-se, hoje, na formulação de uma metodologia de como medi-la e, portanto, ser capaz de avaliar o seu valor econômico e financeiro.

Cultura corporativa

Cultura corporativa ou empresarial é uma expressão que foi, e é, usada de forma intercambiável com cultura organizacional. Conceitualmente, seria possível traçar fronteiras entre os três termos, embora na prática seja difícil distinguir trabalhos que obedeçam à distinção que eles sugerem no sentido de indicarem explicitamente o recorte de seu objeto. Embora toda empresa seja uma organização, nem toda organização é uma empresa. O mesmo pode ser dito em relação às corporações. Embora corporações sejam organizações, elas o são de um tipo específico, pois pressupõem na sua origem histórica e etimológica um sentido de associação de pessoas que compartilham de um mesmo credo ou profissão (como as corporações de ofícios medievais), que se encontram sujeitas às mesmas regras ou estatutos e são detentoras dos mesmos direitos e deveres. Geralmente, é um conjunto de pessoas (corpo) com o objetivo de governo. E, em certo sentido, é isso mesmo que ocorre. Na prática, quando se fala em cultura organizacional e corporativa, grande parte dos trabalhos refere-se aos valores explicitados pelos segmentos gerenciais e administrativos mais altos das organizações. Nesse sentido, estamos, sim, falando de cultura corporativa, na medida em que os valores mencionados dizem respeito ao que os segmentos hierarquicamente superiores da organização, encarregados de geri-la, consideram que devam ser os valores da organização. Por exemplo, o livro de Kotter e Heskett, mencionado anteriormente, tem no título "cultura corporativa", embora no seu interior a definição conceitual seja a de cultura organizacional e apenas o segmento gerencial das quase 207 empresas analisadas seja aquele ao qual a pesquisa se refere.

Não existe nenhum problema em se estudar a cultural gerencial e/ou corporativa de uma organização. Mas, conceitualmente, isto é diferente de cultura organizacional. Talvez seja útil incorporar uma distinção entre cultura e identidade organizacional. Quando o segmento gerencial de uma organização afirma que seus valores são "tais e tais" através de determinadas frases ou motes do tipo "Nossos funcionários são o nosso maior patrimônio" ou "Excelência acadêmica e conhecimento de mercado à sua disposição", na prática ele está se referindo à forma pela qual se gostaria que a organização fosse percebida e reconhecida pelos seus funcionários, pelas outras organizações similares e pelo mercado. Entre vários elementos da vida organizacional, alguns foram selecionados para construírem a identidade social da organização. Esta escolha, contudo, não foi feita com o envolvimento nem a partir de uma análise das representações simbólicas de todos os segmentos da organização e a identificação de alguns elementos estruturais. Geralmente, ela corresponde a uma definição e decisão estratégica dos altos escalões organizacionais. Por isso é que faz sentido se falar em cultura corporativa ou, melhor dizendo, identidade corporativa nesse contexto, pois ela diz mais respeito aos valores que instruem o corpo gerencial do que a toda a organização.

Embora a identidade social de uma organização seja parte integrante da sua cultura, ela não é a sua cultura. É neste nível que se encontram as maiores diferenças na forma pela qual os antropólogos usam o termo cultura e os administradores e consultores organizacionais o fazem. Para o antropólogo a cultura de uma organização seria composta de sistemas de classificação que organizam a realidade. Estes sistemas de classificação — valores — não são necessariamente todos homogêneos, universalizantes e autocontidos, que "caracterizam substantivamente" o fazer de um determinado grupo. Ao contrário, a cultura é vista como uma entidade flexível, mutável, aberta a influências múltiplas e simultâneas, resultante da construção, sempre transitória, de seus membros e de seus analistas, com áreas mais permanentes e universalizantes e outras mais fugazes e específicas de certos grupos. Portanto, os sistemas de classificação que compõem uma cultura organizacional são heterogêneos e diversos e variam com a posição das pessoas no interior da estrutura organizacional. Eles se expressam através de símbolos, convenções, regras explícitas e implícitas, debates e controvérsias.

Portanto, para se abordar cultura organizacional, corporativa ou empresarial não é suficiente se falar de um conjunto de valores definidos pela alta gerência. Faz-se necessário dirigir o olhar para a organização de diferentes perspectivas e para as relações entre elas, pois aí é que residem as entranhas do poder e da política organizacional. Há uma grande diferença em se falar de participação de funcionários e de implementá-la na prática. Algumas organizações podem dar voz e autonomia a seus funcionários em determinadas esferas e negá-las em outras sem que isto seja explicitado ou mesmo percebido por todos os envolvidos.

O poder reside, em grande parte, na capacidade de se definir a realidade para outrem. Como aprendemos com Hannah Arendt, a sua legitimidade, contudo, consiste na capacidade de transformar essa definição inicial sobre a realidade em um consenso. E, a partir deste consenso, transformá-lo em ação humana coordenada. Portanto, a eficácia do poder reside nesse aspecto, e não na coerção e na dominação. O poder coordena, faz acontecer, mesmo na ausência da autoridade, pois todos concordam com as regas e os objetivos.

Conseqüentemente, quando falamos em cultura organizacional e corporativa e definimos que os valores são os seus elementos centrais, é impossível dissociá-las das práticas e das representações do poder e da política. Nestes últimos residem a materialização da enunciação da realidade por um determinado grupo para os demais e os debates e as resistências que se formam ao seu redor para legitimá-la ou desqualificá-la. Por outro lado, é nas tecnologias gerenciais atuais, que rejeitam a coerção e o autoritarismo e enfatizam a participação de todos, que encontramos a complexidade das relações entre o poder simbólico, as práticas de persuasão, de liderança e as suas interseções com as questões práticas da sobrevivência humana e organizacional.

No contexto desse entendimento do que é cultura e poder, e do que efetivamente eles "fazem", não é difícil compreender, por um lado, a importância do estudo das organizações, em todas as suas modalidades, pelos cientistas sociais e o interesses dos teóricos da administração, dos executivos e gerentes pelo fenômeno cultural, por outro. A cultura de qualquer organização é uma possibilidade que se encontra no interior de uma dimensão simbólica mais ampla, que podemos denominar frouxamente de cultura "nacional". Esta vai "determinar" os limites das variações, mas não determina o que se vai produzir no âmbito de uma organização. Pois, como sabemos, o significado, embora possível apenas dentro dos limites dessa dimensão simbólica mais ampla, só se constrói e se fixa de forma mais permanente em contextos sociais específicos. Ou seja, no espaço no qual ocorre a interação humana.

Cultura empresarial

Uma vez colocadas essas distinções entre cultura organizacional e corporativa, é necessário se estender um pouco mais sobre o conceito de cultura empresarial, considerando-se que este ganhou vida própria nos últimos anos, desvinculado do contexto estritamente organizacional a que estivemos nos referindo até o momento.

Inicialmente o conceito de cultura empresarial nos remete para a organização simbólica do universo empresarial. Ou seja, como no interior da empresa a experiência cotidiana, o fluxo da ação coletiva e a mudança são organizadas. Como existem diferentes tipos de empresas (privada, estatal, familiar, economia mista, média, pequena, entre outras), a expressão mais adequada seria, em um primeiro momento, culturas empresariais, ficando o termo cultura empresarial restrito às generalizações teóricas oriundas do estudo comparativo das diferentes culturas empresariais. O objetivo da distinção seria a sistematização de algumas proposições acerca de como a realidade, a ação social coletiva e a mudança são organizadas no âmbito do universo empresarial por oposição a outras modalidades de organizações, que não possuem como princípio estruturador o lucro.

Essa distinção teórica entre cultura e culturas empresarias, por um lado, e cultura e culturas organizacionais, por outro, nunca se concretizou. Do ponto de vista etnográfico, grande parte dos estudos de cultura organizacional da década de 1980 nos Estados Unidos consistiu, na prática, de estudos sobre culturas empresariais. As grandes empresas privadas foram o principal foco analítico desse período. É verdade que foram realizados, também, alguns estudos sobre empresas privadas familiares, mas quase todas as demais modalidades ficaram de fora.

No Brasil, empresas estatais como a Embratel, a Petrobras, o Banco do Brasil, empresas de capital misto como a antiga CPC (atual Trikem), e empresas privadas como a Elida Gibbs, do grupo Unilever tiveram, também, os seus respectivos universos simbólicos mapeados. Porém, entre nós, de maneira semelhante ao que ocorreu nos Estados Unidos, o exercício comparativo também nunca foi levado a cabo. Conseqüentemente, o uso dos termos cultura empresarial e organizacional como conceitos que nos remetem a um nível de abstração teórica maior do que o de culturas empresariais e organizacionais perdeu em precisão conceitual, rigor analítico e conhecimento.

Por outro lado, nos últimos anos o termo cultura empresarial e/ou cultura gerencial (*enterprise culture*) ganhou espaço fora da discussão estritamente organizacional e incorporou uma conotação política e econômica da qual não se encontrava revestido. Cultura empresarial passou a identificar um determinado sistema de valores associados ao credo liberal, à discussão do tamanho do Estado e suas respectivas funções e áreas de atuação, à natureza da liberdade individual e ao lugar e significado do mercado nas sociedades contemporâneas. O termo tornou-se muito popular entre cientistas políticos e economistas e está relacionado histórica e politicamente aos governos de Margaret

Thatcher, na Inglaterra, e de Ronald Reagan, nos Estados Unidos.

Embora as problemáticas que envolvem a noção de cultura empresarial estejam relacionadas ao ideário do liberalismo econômico e político e a determinados governos, seria ingênuo interpretar a agenda da cultura empresarial como conseqüência da doutrina liberal e de um punhado de líderes políticos. Embora alguns dos desdobramentos da cultura empresarial tenham recebido um ímpeto adicional com as reformas econômicas, institucionais e políticas propostas por vários governos, ela é, em grande parte, o resultado de processos independentemente gerados em todo o mundo ocidental a partir da década de 1970.

No âmbito da filosofia política, é digno de nota os trabalhos de Rawls e Nozick e a reinterpretação das doutrinas do liberalismo clássico. Esta reabriu um debate acerca de algumas questões políticas básicas, como igualdade e liberdade. Salientam-se, também, no âmbito intelectual e acadêmico os trabalhos de economistas como Hayek e Friedman, que estimularam a transição de políticas fiscais governamentais baseadas na atividade da demanda para outras de cunho monetarista, fundadas na oferta de moeda pelo Estado.

Na esfera da política partidária, propriamente dita, a eleição de candidatos de "direita" em várias democracias do mundo ocidental marcou uma transformação na discussão econômica e política. Ao desafiarem algumas das "verdades básicas" acerca da intervenção do Estado como o melhor método para limitar as conseqüências nefastas da economia de mercado, as vozes que se encontravam na periferia dessas discussões desde o fim da Segunda Guerra Mundial, retornaram à cena central, abrindo espaço para mudanças institucionais e ideológicas.

Na esfera produtiva, registram-se várias transformações dignas de nota. Primeiro, a perda de poder por parte dos produtores na imposição aos consumidores de produtos e padrões de consumo decididos por eles. Um grau crescente de sofisticação por parte dos consumidores na escolha de bens e serviços e no estabelecimento de padrões mínimos de qualidade e segurança, ditado pela crescente importância do consumo como um dos modos básicos de auto-expressão no mundo contemporâneo e pelas modificações em uma agenda política e social, estaria na raiz dessa transformação. A isto corresponde uma série de mudanças institucionais em consonância com o espírito da empresa comercial, relacionadas, fundamentalmente, às exigências e desejo do consumidor. Este último, junto com o empreendedor, tornou-se o personagem central desse universo ao qual tudo e todos devem ser reduzidos: estudantes, pacientes, platéias e clientes.

Segundo, a introdução de um aparato tecnológico de informação, na esfera da comercialização, permitiu um acompanhamento muito próximo do consumidor, no tocante às suas preferências e padrões de consumo, fazendo com que o comércio entrasse na posse de um conhecimento aprofundado do mercado, colocando-o em uma posição de poder face aos produtores. Para alguns teóricos da sociedade contemporânea, o poder do consumidor seria ilusório, residindo este efetivamente nas mãos das grandes redes de comercialização.

Terceiro, a desestruturação do modelo hierárquico fordista de produção e sua substituição por um sistema mais centralizado e intensivo no uso da nova tecnologia de informação completariam as mudanças na esfera produtiva.

Do ponto de vista gerencial, cabe registrar o crescente grau de autonomia dos segmentos hierarquicamente inferiores das organizações, um espaço maior de oportunidades, tanto para gerentes como funcionários burocráticos ou de chão-de-fábrica, para o exercício da independência, da iniciativa e da pró-atividade tanto individualmente como sob a forma de pequenos grupos ou times de trabalho.

Mas o que vem a ser cultura empresarial no sentido indicado anteriormente?

De forma genérica, cultura empresarial ou gerencial vem a ser um conjunto de percepções características acerca da alocação de prioridades e organização de atividades na sociedade e no mercado, segundo as quais a criação de riqueza é a medida de sucesso de uma sociedade. Esta é melhor obtida através de uma forma altamente individualizada de capitalismo que valoriza positivamente a atividade econômica. Virtudes individuais específicas que fomentam a criação de riqueza, como autonomia, empreendedorismo, ambição e competitividade, são estimuladas e vistas como fundamentais à cultura empresarial.

A cultura empresarial é um tipo específico de cultura dentro do capitalismo — que, como assinalou muito apropriadamente Peter Berger, possui vários gêneros. O capitalismo do tipo empreendedor é o valorizado pela cultura empresarial. Difere bastante, por exemplo, do tipo "coletivista". Neste último, predominam culturas corporativas hierárquicas, que não estimulam seus participantes a atuarem como sujeitos autônomos e independentes e nas quais uma quantidade maior de atenção é devotada a assegurar a promoção e a manutenção do status ao invés da busca por oportunidades, desafios comerciais, autodesenvolvimento e sucesso.

Podemos distinguir duas dimensões na cultura empresarial. A primeira baseia-se num programa radical de reformas econômicas e institucionais que enfatiza a eficiência do mercado na alocação dos recursos sociais, a liberdade do indivíduo na sua atividade econômica e a não intervenção do Estado. A segunda, relaciona-se a atitudes, valores e formas de atuação embebidos tanto nas atividades institucionais como individuais, que ajudam na criação de crenças, valores e comportamentos que favorecem o empreendedorismo e a obtenção de riqueza .

Da primeira dimensão, fazem parte os programas de privatização de empresas estatais, a remoção de diversas restrições governamentais acerca da provisão de serviços financeiros, ao financiamento de instituições públicas em áreas como educação, saúde, telecomunicações, artes e governos locais. Da segunda dimensão, pertencem valores que apresentam qualidades ou características empresariais do tipo: iniciativa, autonomia, pró-atividade, empreendedorismo, energia, ousadia, autoconfiança, disponibilidade para correr riscos e aceitar responsabilidade pelas conseqüência das próprias ações e vários outros.

Nesse cenário institucional e cultural a empresa privada comercial corporifica o principal e mais adequado espaço em que as atitudes e os valores empresariais são exercidos. No entanto, a relação entre a empresa comercial e uma cultura empreendedora é bem mais complexa do que aparenta. As empresas comerciais não são necessária e inerentemente empreendedoras. Para que a forma institucional empresarial produza os benefícios que supostamente pode oferecer, qualidades empreendedoras do tipo indicadas acima precisam ser estimuladas e enfatizadas nas pessoas. Portanto, essas qualidades possuem um valor instrumental básico em relação ao desempenho ótimo de uma economia de mercado.

Nas últimas décadas do século XX, a cultura empresarial foi praticamente elevada ao nível de virtudes e transformada em valores "nacionais" em quase todas as sociedades do mundo ocidental. Ela representou o extravasamento de uma lógica de mercado e empresarial para outras esferas da sociedade que até então não haviam sido avaliadas pelos parâmetros de eficiência, eficácia, rentabilidade e qualidade, entre outros. Esse extravasamento suscitou e ainda suscita uma série de debates do ponto de vista político, econômico e moral que centraliza-se em torno de alguns temas.

O primeiro deles e, talvez o politicamente mais controverso, diz respeito a se a adoção dos princípios da cultura empresarial em todas as esferas da sociedade diminui a desigualdade social ou aumenta a distância entre ricos e pobres. Relacionado a esse tema encontra-se a questão do Estado do bem-estar. Embora exista um razoável consenso de que todos os aptos a trabalhar deveriam fazê-lo com espírito empreendedor, uma questão se impõe: como exigir que isto se concretize plenamente quando não há empregos para todos? Nesse caso, o que fazer com aqueles que não conseguiram uma posição permanente no mercado de trabalho?

A discussão sobre o valor e a importância da liberdade vem logo após na disputa pelo lugar de tema mais controverso. A polêmica relaciona-se ao *link* feito pelo Estado do bem-estar entre liberdade individual e o direito aos recursos materiais que permite a todos uma vida digna. No contexto da cultura empresarial, essa relação entre liberdade e igualdade é espúria. A escolha é entre liberdade e igualdade. Liberdade é definida como a ausência de coerção. E, como a coerção é sempre uma atividade intencional, o mercado não geraria, portanto, desigualdades, na medida em que os seus efeitos são sempre o resultado de milhares de decisões individuais que não podem ser consideradas coercitivas, pois não são dirigidas ou focadas especificamente sobre ninguém. Mesmo a igualdade de oportunidades que, teoricamente, pressuporia uma certa igualdade substantiva do ponto de vista econômico, é entendida como ausência de coerção. As desigualdades da vida social são encaradas como inevitáveis e como conseqüência das liberdades individuais e necessárias para assegurar a competição, a criação de riqueza e o progresso.

Os argumentos contra a disjunção entre liberdade e igualdade são inúmeros e partem de diferentes autores. Alguns, embora admitam a necessidades de direitos negativos, afirmam que se faz necessário a existência de liberdade igual para todos. Outros rejeitam a sujeição da liberdade democrática à liberdade de coerção. E, finalmente, um outro grupo de autores afirma que a disparidade entre a quantidade de riqueza entre as pessoas resulta no fato de que a liberdade passa a ter um valor diferencial, ou seja, dependente dos recursos. Para esse grupo, os níveis atuais de desigualdades são incompatíveis com a liberdade política e certamente terminaram por miná-la.

Um outro tipo de crítica, esta porém destituída do teor político das anteriores, diz respeito à qualidade de vida associada à cultura empresarial. Segundo ela, aqueles que adotam os valores da cultura empresarial, ou foram forçados a fazê-lo, vivem as suas respectivas vidas como se fossem pequenos negócios em si mesmos, dedicando todos os seus esforços e capacidade a maximizarem a sua riqueza pessoal. Aqueles que trabalham na "selva" do mercado tendem a ficar obcecados com a versão limitada do que a vida tem para oferecer. Valores do tipo competitividade, energia, iniciativa, pró-atividade tornam a vida estressante e tendem a contaminar a qualidade das relações no trabalho e com o trabalho. Para alguns, como assinalam Morris e Heelas, a sujeição da atividade humana ao julgamento do mercado não estimula valores como integridade e lealdade.

Por fim, temos o argumento da superioridade do mercado como agente de criação e distribuição de riqueza, tanto em termos morais como em termos de eficiência na distribuição de bens e serviços. Essa superioridade torna a economia de mercado um baluarte na defesa dos valores democráticos, bem como uma propulsora de virtudes morais do tipo esforço, parcimônia, autonomia, honestidade e coragem de arriscar.

Mas o argumento fundamental em favor da moralidade do mercado encontra-se na tese de que todos se beneficiam, inclusive os pobres, com o aumento da riqueza e o crescimento econômico, através do efeito *trickle-down* (de cima para baixo). O efeito positivo não será observado por um progressivo movimento em direção à uniformidade e igualdade, mas pela movimentação do todo em direção ao topo.

Quaisquer que sejam as objeções em relação à cultura empresarial, o fato que se verifica, paralelamente à utilização deste termo e a despeito dos debates políticos e ideológicos travados ao seu redor, é uma grande modificação e movimentação no interior das organizações e das sociedades em relação ao comportamento econômico e gerencial de seus membros. Grande parte dos países passou nos últimos anos por uma reforma do Estado e de suas administrações públicas, e seria difícil negar a ligação íntima entre as mudanças implementadas e alguns dos temas e questões levantados pela cultura empresarial. Noções como empreendedorismo, empregabilidade, auto-enriquecimento, autodesenvolvimento e responsabilidade individual estão hoje presentes nos discursos de gerentes, executivos, administradores e políticos dos mais diferentes matizes. O que se faz importante registrar a esse respeito é menos o lado certo ou errado dessa discussão e mais a direção para a qual ela aponta: uma construção diferenciada do indivíduo e de suas relações com a sociedade, na qual uma ênfase maior é dada à responsabilidade individual tanto na sua própria situação de vida como do mundo que habitamos.

Observações finais

Cultura organizacional, corporativa e empresarial são, como vimos, conceitos muito próximos uns dos outros mas que resguardam uma certa identidade, mesmo que, em algumas circunstâncias, sejam utilizados por vários autores de forma intercambiável. Essas identidades representam recortes teóricos e metodológicos importantes do universo organizacional.

Graficamente, poderíamos pensar a relação entre esses conceitos como formando a copa de uma grande árvore. No topo estaria o conceito de cultura organizacional, que representaria um nível de abstração teórica maior. Nos ramos logo abaixo teríamos os dois grandes tipos de culturas organizacionais: as com fins lucrativos, no interior das quais o conceito de cultura empresarial encabeçaria uma outra grande segmentação, e as organizações sem fins lucrativos. A cultura das organizações com fins lucrativos — cultura empresarial — estaria subdividida em várias modalidades do tipo: empresa privada, estatal, de capital misto, familiar e todas as múltiplas combinações que essas divisões poderiam proporcionar quando combinadas ao tamanho da empresa e ao ramo do negócio. A segunda subdivisão — organizações sem fins lucrativos — poderia ser segmentada em culturas das organizações sociais, de classe, entre outras. Todas essas diferentes modalidades organizacionais poderiam ter, ainda, suas respectivas culturas corporativas mapeadas de forma singularizada em relação aos demais segmentos das organizações. O mesmo procedimento poderia ser aplicado às diferentes culturas profissionais e gerenciais existentes nesses universos. Não é difícil imaginar a que refinamentos teóricos e metodológicos essa lógica segmentar nos levaria em termos conceituais se continuássemos indefinidamente recortando, de diferentes ângulos, o universo organizacional.

Todos sabemos que a conceituação é o primeiro e mais fundamental passo em qualquer procedimento analítico. Sem ela nenhuma análise pode começar, na medida em que na sua ausência não existe fenômeno a ser investigado. Entretanto, a busca pela precisão conceitual, um ideal a ser permanentemente buscado, não deve restringir nossa "imaginação sociológica" na busca do conhecimento, sob pena de transformarmos esse procedimento analítico em uma árida discussão terminológica e de fronteiras, na qual a conceituação de instrumental analítico da realidade passa a ser a própria realidade.

O entendimento das múltiplas angulações que o conceito de cultura permite quando combinado a termos "nativos" do universo organizacional só têm sentido se não perdermos de vista o nosso objetivo primeiro, qual seja, o desvendamento do processo simbólico no contexto organizacional. É este objetivo teórico maior que torna as etnografias de empresas, de organizações sem fins lucrativos e de segmentos gerenciais, entre outras, muito mais do que descrições de categorias classificatórias ou mapeamentos de discursos. É esse objetivo que transforma tais etnografias em peças de um quebra-cabeça maior que, se e quando completo, poderá nos ajudar a responder perguntas não só sobre a cultura organizacional e empresarial, mas fundamentalmente sobre os mecanismos da dimensão simbólica como um todo.

Entretanto, qualquer análise e histórico conceitual se tornam incompletos se não procurarmos o significado que os conceito mapeados têm em determinado momento. No caso específico deste trabalho, esses significados são múltiplos e variam de acordo com os grupos envolvidos. Por um lado temos os cientistas sociais, mais especificamente antropólogos e, de outro, os teóricos da administração, administradores, executivos, gerentes e consultores organizacionais.

Nas últimas duas décadas a cultura deixou de ser uma dimensão "oculta" e de ter um papel secundário para adquirir uma dimensão "estratégica" no interior das organizações. Um observador mais desavisado poderia considerar que o embate que permeia há mais de um século o mundo organizacional entre, por um lado, uma visão de gerência científica (que aliás sempre foi a predominante) e, por outro, da importância das relações humanas tivesse finalmente terminado, com a vitória desta última. Valores, normas, símbolos, mitos, ritos, estruturas participativas, equipes autogerenciadas, autodesenvolvimento, visão holística do ser humano etc. são, hoje, categorias presentes nos discursos, análises e políticas gerenciais de executivos, líderes empresariais e gerentes de todos os níveis. Aquilo que anteriormente era o capital intelectual dos grupos de oposição ou dos críticos das grandes empresas e corporações foi apropriado pelas lideranças organizacionais e corporativas como uma parte integral da forma como elas hoje enxergam o universo em que trabalham.

Paralelamente a esse conjunto de imagens, práticas e políticas associadas ao capital intelectual e político da visão das empresas como estando a serviço das pessoas, coexistem dimensões que as contradizem, nas quais, por exemplo, a idéia de participação foi transformada em apenas *stock options* e não em "vozes" que participam da gerência efetiva da organização; autodesenvolvimento e auto-enriquecimento degeneraram no discurso da empregabilidade que neutraliza a responsabilidade das organizações no desenvolvimento de seus recursos humanos; e flexibilidade tornou-se a ideologia perfeita para as organizações em tempos de crise, penalizando os estratos médios, justamente os maiores adeptos do discurso da cultura e da mudança.

Qual a extensão e o significado dessa mudança e o seu impacto para o mundo organizacional, a despeito de suas ambigüidades e incongruências, é difícil de se avaliar. Desqualificar o discurso e a preocupação gerencial e corporativa com a cultura e outros itens da agenda social contemporânea como um novo instrumento de exploração empresarial é simplificar uma realidade muito mais complexa do que o aparato teórico utilizado pelos seus críticos permite captar. Temos que dar conta do fato de que se, por um lado, ocorreu o extravasamento de uma lógica empresarial para a sociedade, certificando domínios sociais por critérios que antes lhes eram estranhos, ocorreu, por outro, simultaneamente, uma incorporação da nova agenda social e política da sociedade contemporânea pelas organizações. Cultura, ética, responsabilidade social, visão holística do ser humano, empresa ambientalmente responsável, entre outros, não são, hoje, apenas "discurso" no sentido de serem inócuas. São hoje parte da vida organizacional, são tecnologias gerenciais que têm impacto concreto e substantivo na forma pela qual as organizações de modo geral, e as empresas de forma particular, sobrevivem no mundo contemporâneo.

Lucro e resultados foram e continuam sendo os objetivos que movem organizações e empresas em todo o mundo. Entretanto, para obtê-los, as ações corporativas, as políticas administrativas, a percepção e a organização do trabalho e as relações produtivas têm que estar revestidas de uma perspectiva que ultrapassa a mera geração de riqueza. É isso que torna a realidade organizacional de hoje um fenômeno novo e complexo para ser estudado. Devemos olhar essas transformações como expressões de um "novo espírito do capitalismo", seguindo os passos de Max Weber? É difícil se precisar em que essencialmente este "espírito" consiste. Certamente, não significa a transformação das organizações em centros de um novo humanismo, como querem alguns, nem em câmaras refinadas de exploração, como querem outros. Primeiro, porque os significados dessa mudança são distintos nos diferentes universos culturais nos quais se encontram organizações e empresas. Segundo, porque não podemos pressupor, do ponto de vista científico, que a "interpretação" dessas transformações por parte da comunidade acadêmica seja mais científica ou objetiva, em contraposição às produzidas pelos membros de organizações e empresas. Estes interpretam a própria realidade como tendo se alterado de forma substantiva e, em alguns casos, para melhor quando comparada a períodos anteriores.

Do ponto de vista objetivo, ou seja, da operação prática do mundo organizacional, algumas questões e dilemas continuam os mesmos para o universo organizacional, seja este composto de empresas ou de organizações sociais. Um desses dilemas, e talvez o que mais impulsiona a discussão sobre a questão da cultura nas organizações, diz respeito à coordenação das atividades internas, mencionada anteriormente. O mundo organizacional tem como um de seus principais dilemas, por oposição a outras instituições sociais, a necessidade de coordenação interna das atividades de seus membros com vistas a resultados prévia e claramente definidos, independentemente do pensamento e da vontade de muitos de seus membros individuais. Essa restrição se aplica tanto a uma empresa privada que visa o lucro como a uma organização social que almeja a defesa de crianças carentes. Portanto, toda e qualquer organização, formalmente constituída, que pretenda implementar na prática os objetivos a que se propõe, tem que lidar com o dilema da coordenação das vontades, dos interesses, das diferentes perspectivas, das inteligências e do conhecimento de seus membros.

No início da vida organizacional deste século, o modelo de gestão taylorista/fordista já trazia embutido o poder de coordenação, através de uma rígida burocracia que neutralizava e isolava a individualidade dos trabalhadores do processo produtivo. Esse modelo apresentou resultados fantásticos em um mundo de produtos de massa, para as massas e no qual as tecnologias de informação e comunicação encontravam-se nos seus primórdios.

Na sociedade contemporânea, contudo, o dilema da coordenação interna das organizações se apresenta com especial vigor. A globalização, a interconectividade do mundo organizacional, a valorização da participação individual e a inovação, entre tantos outros aspectos citados anteriormente, fazem com que objetivos e resultados tenham que ser realizados a partir de um arcabouço organizacional novo. Este não se enraíza mais em uma burocracia rígida, mas em estruturas que valorizam a dimensão humana em múltiplos aspectos mas que, ao mesmo tempo, não tornam as organizações democracias opinativas. Esse novo contexto coloca a questão do poder simbólico no centro das reflexões. Como coordenar as ações individuais? Como implementar objetivos? Como obter resultados na ausência de dispositivos claros de coerção e na presença de uma ideologia que promove a participação de todos e des-legitima os arroubos autoritários em todos os níveis? Como manter uma ética de respeito ao ser humano em um contexto organizacional sem perder de vista resultados a serem alcançados? Estas são apenas algumas das muitas questões que a discussão sobre a combinação da cultura com outros termos "nativos" do universo organizacional e dos negócios levanta. As respostas para quase todas elas ainda se encontram distantes, mas certamente estão muito mais próximos do que antes de começarmos a nos interessar sobre o assunto.

Referências e fontes

• Os dados bibliográficos dos quatro livros citados nas p.11-2 encontram-se na seção Leituras recomendadas.

• A definição de cultura organizacional de Edgard Schein citada na p.18 encontra-se em *Organizational Culture and Leadership*.

• As frases de Deal & Kennedy citadas na p.20 encontram-se em *Corporate Cultures* (ver dados nas Leituras recomendadas).

• A observação de Louis Gerstner, da p.28, foi publicada na revista *Exame*.

• Entre os trabalhos de Rawls & Nozick e Hayek & Friedman (p.36), podemos citar F. Hayeck, *The Constitution of Liberty* (Londres: Routledge, 1960); M. Friedman, *Capitalism and Freedom* (Chicago: Chicago UP, 1962); R. Nozick, Anarchy, State and Utopia (Oxford: Blackwell, 1974); J. Rawls, *A Theory of Justice* (Oxford: Oxford UP, 1973).

• A observação de Peter Berger, referida na p.39, foi feita em *A revolução capitalista*, 1992.

• A crítica de Morris e Heelas, assinalada na p.42, encontra-se em *The Values of Entreprise Culture*.

Leituras recomendadas

• Livia Barbosa. *Igualdade e meritocracia. A ética do desempenho nas sociedades modernas* (Rio de Janeiro, Ed. Fundação Getúlio Vargas, 1999). O livro apresenta uma leitura antropológica sobre questões relativas à administração. Na primeira parte, a autora analisa, do ponto de vista comparativo, o conteúdo cultural de categorias centrais para a administração moderna, como a noção de desempenho. Na segunda, desenvolve o conceito de cultura administrativa, que apresenta uma visão crítica do conceito de cultura organizacional e o seu uso pela administração norte-americana. As relações entre antropologia, administração e negócios são analisadas ao final do último capítulo.

• Peter Berger. *A revolução capitalista* (Belo Horizonte, Editora Itatiaia. 1992). Este livro de Peter Berger, sociólogo norte-americano, tem como objetivo esboçar uma teoria acerca da relação entre capitalismo e sociedade. Um de seus conceitos básicos é o de cultura econômica. Esse conceito, inspirado no de cultura política, procura explorar a matriz social, política e cultural no interior da qual se desenrolam processos econômicos definidos como capitalistas.

• George Marcus. *Corporate Futures* (Chicago, Chicago University Press, 1998). Coletânea de textos organizada pelo antropólogo norte-americano George Marcus, encontra-se dividida em duas partes. Na primeira, diferentes autores, muitos oriundos do universo organizacional, examinam os processos e práticas de governança de diferentes corporações. A segunda parte volta-se para a análisa do ambiente externo, no qual operam as corporações. O livro tenta combinar analise antropológica com artigos, depoimentos e análise de "nativos" do universo organizacional.

• Terence Deal & Allan A. Kennedy. *Corporate Cultures*, 1982. Um clássico da década de 1980 que analisa o papel de mitos e ritos organizacionais de empresas norte-americanas.

• Edgar H. Schein. *Organizational Culture and Leadership* (São Francisco, Jessey-Bass, 1985). Esta talvez seja a obra mais conhecida sobre a questão da cultura organizacional. Além de apresentar uma definição de cultura organizacional que se tornou clássica e é citada em quase todos os livros sobre o assunto, discute, de forma didática, os diferentes níveis da cultura e como ela se materializa na vida corporativa. Por fim, analisa o papel do "fundador" na formação da cultura da organização.

• Paul Heelas & Paul Morris. *The Values of Enterprise Culture. The Moral Debate* (Londres, Routledge, 1992). Coletânea de antropólogos ingleses sobre a cultura empresarial do período de Margaret Thatcher.

• John Kotter & James L. Heskett. *A cultura corporativa e o desempenho empresarial* (Rio de Janeiro, Makron Books, 1992). Trabalho que se propõe analisar, empiricamente, a relação entre cultura organizacional e desempenho econômico de longo prazo. Excelente fonte sobre culturas empresariais norte-americanas e sobre a concepção da cultura como uma variável e qual a melhor forma de abordá-la.

- William G Ouchi. *Teoria Z: como as empresas podem enfrentar o desafio japonês* (São Paulo, Fundo Educativo Brasileiro, 1982). Livro clássico sobre cultura organizacional da década de 1980, escrito na esteira da "invasão" nipônica do mercado norte-americano. Apresenta uma excelente análise comparativa entre a forma de gerenciar norte-americana e japonesa. A teoria Z do título refere-se a um modelo de administração de firmas norte-americanas, que o autor considera que gerenciam dentro de um estilo semelhante ao japonês. O termo Z tem como objetivo fazer contraste com a Teoria X e a Teoria Y de Douglas McGregor. Estes dois modelos — X e Y — designam formas gerenciais que supõem que as pessoas são fundamentalmente preguiçosas, no primeiro caso, ou fundamentalmente trabalhadoras, no segundo.

- Richard T. Pascale & A.G. Athos. *The Art of Japanese Management* (Nova York, Simon & Schuster, 1981). Como o próprio nome indica, é uma apresentação do estilo de gerenciar japonês. É também um clássico da década de 1980 e um dos responsáveis pela popularização da importância da cultura na administração.

- Thomas Peters & Robert H. Waterman. *In Search of Excellence* (Nova York, Harper & Row, 1982). O livro de administração mais vendido de todos os tempos. Procura identificar a razão do sucesso de algumas das grandes empresas norte-americanas. A lista de empresas “excelentes” formuladas pelos autores não se manteve “excelente” por muitos anos. Algum tempo depois muitas delas atravessavam grandes dificuldades e outras já nem existiam mais. Independentemente de seu sucesso editorial e do seu conteúdo, o livro se presta a uma reflexão sobre as dificuldades teóricas da administração.

Sobre a autora

Livia Barbosa é natural do Rio de Janeiro. É mestre em ciências sociais pela Universidade de Chicago, EUA, e doutora em antropologia social pelo PPGAS, da Universidade Federal do Rio de Janeiro. Trabalha como professora do Departamento de Antropologia da Universidade Federal Fluminense e do Programa de Pós-Graduação em Antropologia e Ciência Política da UFF. É autora de diversos livros e artigos, entre os quais se destacam: *O jeitinho brasileiro e a arte de ser mais igual que os outros* (Campus, 1992); *Igualdade e meritocracia. A ética do desempenho nas sociedades modernas* (Ed. FGV, 1999); e *O Brasil não é para principiantes* (Ed. FGV, 2000), este em parceria com Laura Graziela e Luiz Augusto Drummond.

Agradeço a leitura e os comentários críticos de Carmen Michelis.

Coleção **PASSO-A-PASSO**

Volumes recentes:

CIÊNCIAS SOCIAIS PASSO-A-PASSO

O negócio do social [40],
Joana Angélica Barbosa Garcia

Origens da linguagem [41],
Bruna Franchetto e Yonne Leite

Antropologia da criança [57],
Clarice Cohn

Patrimônio histórico e cultural [66],
Pedro Paulo Funari e Sandra de Cássia Araújo Pelegrini

Antropologia e imagem [68],
Andréa Barbosa e Edgar T. da Cunha

Antropologia da política [79],
Karina Kuschnir

Sociabilidade urbana [80],
Heitor Frúgoli Jr.

Pesquisando em arquivos [82],
Celso Castro

Cinema, televisão e história [86],
Mônica Almeida Kornis

FILOSOFIA PASSO-A-PASSO

Estética [63], Kathrin H. Rosenfield

Filosofia da natureza [67],
Márcia Gonçalves

Hume [69], Leonardo S. Porto

Hannah Arendt [73],
Adriano Correia

Schelling [74], Leonardo Alves Vieira

Niilismo [77], Rossano Pecoraro

Kierkegaard [78], Jorge Miranda de Almeida e Alvaro L.M. Valls

Filosofia da biologia [81],
Karla Chediak

Ontologia [83], Susana de Castro

John Stuart Mill & a liberdade [84],
Mauro Cardoso Simões

Filosofia da história [88],
Rossano Pecoraro

Teoria do conhecimento [91],
Alberto Oliva

PSICANÁLISE PASSO-A-PASSO

Psicanálise com crianças [75],
Teresinha Costa

Feminino/masculino [76],
Maria Cristina Poli

Cinema, imagem e psicanálise [85],
Tania Rivera

Trauma [87],
Ana Maria Rudge

Édipo [89], Teresinha Costa

A psicose [90], Andréa M.C. Guerra

A angústia [92], Sonia Leite

Educação e psicanálise [93],
Rinaldo Voltolini

Os outros em Lacan [94],
Antonio Quinet

A paixão [95],
Marcus André Vieira

Histeria: o caso Dora [96],
Nadiá Paulo Ferreira e Marcus Alexandre Motta